北京名胜及三海风景

［德］

汉茨·冯·佩克哈默

著

赵省伟

主编

仝冰雪　许蓓

译

找寻遗失在西方的中国史

北京日报出版社

图书在版编目（CIP）数据

西洋镜：北京名胜及三海风景 / (德) 汉茨·冯·
佩克哈默著；赵省伟主编；仝冰雪，许蓓译. -- 北京：
北京日报出版社，2022.10 (2024.1重印)
　ISBN 978-7-5477-4346-1

　Ⅰ. ①西… Ⅱ. ①汉… ②赵… ③仝… ④许… Ⅲ.
①中国历史－近现代－史料－摄影集 Ⅳ. ①K250.6-64

中国版本图书馆CIP数据核字(2022)第121802号

出版发行：北京日报出版社
地　　址：北京市东城区东单三条8-16号东方广场东配楼四层
邮　　编：100005
电　　话：发行部：(010) 65255876
　　　　　总编室：(010) 65252135
责任编辑：卢丹丹
印　　刷：天津鸿彬印刷有限公司
经　　销：各地新华书店
版　　次：2022年10月第1版
　　　　　2024年1月第4次印刷
开　　本：787毫米×1092毫米　　1/16
印　　张：16
字　　数：150千字
印　　数：5001－8000
定　　价：96.00元

「出版说明」

2012年1月，国家图书馆古籍馆举办"旧京风物：德国摄影师镜头下的老北京"图片展，展出了德国摄影师汉茨·冯·佩克哈默（Heinz von Perckhammer）于1914—1927年间拍摄的100张珍贵的北京照片。这些照片"捕捉到了这座从地平线上缓缓陷落的城市的美丽"，为当下的人们展现了一幅幅生动的老北京风情画，具有重要的史料价值。

一、全书共分三部分，第一部分是《北京美观》（初版于1928年），第二部分是《中国与中国人》（初版于1930年），第三部分是60张同生照相馆制作的关于北京三海的照片（初版于20世纪20年代）。

二、《北京美观》原书图注过于简略，编者参考相关资料做了一些补充，并调整了图片的编排。其他部分在编排上均按照原书顺序，未做改动。

三、《北京美观》与《中国与中国人》中的个别照片重复，为保持原貌，均予以保留，未做删减。

四、由于年代已久，部分照片褪色，导致颜色深浅不一，为了更好地呈现照片内容，保证印刷整齐精美，对图片色调做了统一处理。

五、由于原作者所处立场、思维方式以及观察角度与我们不同，书中很多观点与我们的认识有一定出入，相信读者自会辨别，为保留原文风貌，均未做删改。

六、书名"西洋镜"由杨葵老师题写，感谢江西师范大学美术馆提供封面创意。

最后，还要特别感谢全冰雪老师为我们提供了学术支持，钟光懿老师为本书倾情作跋。

赵省伟

战俘摄影师佩克哈默

有那么一位外国摄影师，第一次世界大战期间沦为北洋政府的战俘，其作品却在中国摄影史上具有重要的地位，因此被称作"战俘摄影师"。除此之外，人们对他知之甚少。他就是德国著名摄影师汉茨·冯·佩克哈默。

佩克哈默的祖辈一直居住在奥地利的波尔扎诺地区（第一次世界大战后归属意大利）。1871年，他的父亲出售了祖传的土地，举家迁往温泉小城梅拉诺。1895年，佩克哈默出生在这著名的旅游胜地。他的父亲开了一家照相馆，由于当地游客众多，照相馆的生意一直红红火火。童年时代，他便在父亲的照相馆内帮忙。1911年12月25日，老佩克哈默去世，妻子将照相馆转手，离开了梅拉诺，前往因斯布鲁克，佩克哈默当时年仅16岁。他十分喜爱绘画，便报考了慕尼黑艺术学院，可惜未被录取。后来，他加入奥匈帝国海军，成了一名水兵。1913年2月，他乘坐"伊丽莎白皇后号"防护巡洋舰来到了中国。

佩克哈默在中国早期的具体经历，相关史料记载很少。1914年8月23日，青岛战役爆发之后，作为"伊丽莎白皇后号"上的一员，他参与了对日军的战斗。11月7日，青岛德奥守军投降，日军将大约4400名德奥战俘运往日本，分别关在12所战俘营内。幸运的是，佩克哈默两天前被调往北京奥地利使馆，自此便与北京结下了不解之缘。12月7日，他给家乡的亲友寄了一张明信片，上面写着："圣诞节、新年快乐。北京。"

北京对佩克哈默的摄影生涯产生了极大的影响。初到北京，作为使馆卫队中一名普通的士兵，年轻的佩克哈默生活虽然简单，但也不乏趣味。除了日常的操练之外，他还和战友们一同前往北京郊外游览，参观风景名胜，与同行的车夫、寺庙内的僧侣合影。我们可以在一本相册中看到这些年轻的卫队官兵的日常生活，其中一些照片就出自佩克哈默之手。还有一些照片从拍摄角度和取景内容来看，与前面所说的佩克哈默的照片如出一辙，由于在佩克哈默的个人收藏与已出版的摄影集中找不到，我们也不敢断言它们就是佩克哈默的作品。在这些合影里，我们很少看到佩克哈默的身影，这也从侧面印证了佩克哈默就是镜头后拍照的那个人。由此可见，年轻的佩克哈默在军营里便已经开始了他的摄影生涯。

1917年，北洋政府对德奥宣战。佩克哈默和他的战友们成了北洋政府的战俘。本着"宽大主义"的精神，北洋政府为战俘们提供了优越的生活条件。战俘们被安置在万寿寺内，人均居住面积不少于15平方米，他们可以在餐厅内祷告和讲演，还可以在新建的足球场和网球场内进行体育运动。此外，他们的人身自由也没有受到严格的限制，外出游玩的机会甚至比被俘前更多。战俘营内的生活是如此舒适，以至于一名战俘后来回忆道："我

颐和园长廊。怀特摄影，20世纪20年代

颐和园长廊

相信，这段时光必定令人终生难忘。每每回想起来，总会不由得感叹 —— 这一切是多么美好啊！"

这段时间也成为佩克哈默北京摄影生涯的黄金年代。他很少待在万寿寺内，而是走遍了北京主要的寺庙，如雍和宫、潭柘寺、戒台寺、碧云寺、东西黄寺、黑寺等，拍摄寺内的建筑、寺中僧侣的生活，以及烧香拜佛的香客，他甚至还记录下了黑寺内举行的法事。当然，万寿寺也屡屡出现在他的镜头下。特别值得一提的是，佩克哈默还记录下了很多现在已经消失不见的建筑和市井人情。

第一次世界大战结束后，战俘们于1920年2月经由上海乘船回国，佩克哈默却选择留在北京。随后，他成了一名专业摄影师，供职于天津维多利亚街道（今解放北路）上的利华照相馆（Kodak Shop），主要为客人拍摄肖像照、销售京津地区风景名胜主题的照片以及各种照相器材。拍照之余，佩克哈默还时常骑着摩托车四处探险，足迹遍及京津周边地区，他还曾跟随探险队前往蒙古地区进行科学考察。

战俘的娱乐活动 —— 钓鱼

远望万寿山。怀特摄影, 20世纪20年代

自南湖岛北望万寿山

自南湖岛远望万寿山。段旭摄影，2021年

祈年殿。怀特摄影，20世纪20年代

祈年殿

远望北海白塔

远望北海白塔。段旭摄影，2021年

在异乡漂泊久了，佩克哈默的思乡之情愈发浓烈。1925年，鉴于中国国内时局再度动荡，他决定回国。1927年，他带着15000余张中国主题的照片返回故乡，结婚，不久又离婚，后来离开故乡，去往柏林。他在中国拍摄的照片陆续发表在杂志与报刊上，名气也越来越大。1929年8月，LZ127"齐柏林伯爵号"飞艇进行环球旅行，佩克哈默是唯一一位受邀随行的摄影师。1932年，他在柏林开设了一家照相馆，拍摄了大量记录柏林时尚界流行风尚以及社交生活的照片，此外，他还拍摄了众多以汽车、赛车为主题的照片。纳粹上台之后，他曾受雇于德国政府，拍摄了一些宣扬德国武力的照片。

　　1942年，盟军轰炸柏林，佩克哈默的照相馆损失惨重，大火烧毁了他的绝大多数作品。那些在中国拍摄的照片也不能幸免，只剩下不到两成。二战结束后，他回到故乡，在父母曾经生活的房子附近开了一家照相馆，向游客兜售明信片。此外，他把更多的时间花费在了记录当地的日常生活上。1965年2月3日，离他70岁生日只差一个月时，他死于心脏病突发。他没有妻子和子嗣。

　　佩克哈默返回欧洲之后，共出版了三本中国主题的摄影集。1928年，最早的中国人体写真集《百美影》出版。同年，《北京美观》摄影集在柏林出版，收录了200张拍摄于20世纪20年代的老北京照片。1930年，《中国与中国人》在瑞士苏黎世出版，收录了64张他在北京和天津的摄影作品。德国著名作家亚瑟·豪利彻尔评论道：佩克哈默"捕捉到了这座从地平线上缓缓陷落的城市的美丽，并用恰当的方式将这些应该保存的东西悉数记录了下来"。

赵省伟

目录

中国与中国人

174 引言

三海风景

北京美观

引言

　　滚滚黄沙掠过大漠，年复一年席卷北京。沙尘弥漫，令街上的行人惊愕、晕眩。他们尝到的、听到的、看到的、嗅到的，是无尽的灰蒙蒙的沙粒，也是研磨碾碎了的几千年的历史。一望无际的戈壁滩中，埋葬着史前人类的足迹，那些历史和文明随着时间慢慢崩解、风化，有的落地为土，有的飞升成云。

　　即便化作尘土，历史仍具有强力。眼下，世界格局不稳定，国际事件频出，类似的狂风正朝着北京呼啸而来。然而，北京已经习惯狂风，任由它们肆虐。狂风吹散了世代和王朝，吹散了古老的法度，甚至连城市的名字也不放过，好像要抹平过去，令其不复存在。"蓟"是北京城最初的称呼，距今已有三千多年的历史；一千两百年后的汉朝，北京又叫"蓟燕"；到了宋朝，人们称她为"幽州"；不久，北方民族进入中原，破北宋，取幽州，重建都城，称她为"燕京"；后来，蒙古人建立元朝，成吉思汗和他的孙子忽必烈定都北京，称她为"大都"；明初，蒙古人被赶走，都城的名字改为"北京"；满族统治三百余年间，都城的名字没有变化，"北京"这个名称流传至今。不久前，一场旨在除旧布新的革命在南方取得胜利，北京失去了昔日的威严和辉煌。在众多秀美古老的寺庙中，有一座格外珍贵，它也是本书着重介绍的对象——万寿寺。中国人非常看重"寿命"，很喜爱这座寺庙。他们追求长生不老，在俗世中，"万岁"就意味着长生不老。

　　然而，现在的情形较之从前已经大为不同，甚至最根本的东西也发生了改变。眼下，一股风暴正势不可挡地横扫中国。它不仅伤害了平民大众，打破了传统的法度和人们惯有的生活方式，还摧毁了世人一向尊崇的信仰。这股风暴，破坏的是不可替代、无法弥补的价值观，是能够使法度、传统和名字突破时间限制而在历史长河中永存的东西。这场运动打破、碾碎了艺术、美和崇高的精神。

　　在中国旅行时，我经常看到这样的画面：地上胡乱堆着破烂，旁边站着一排士兵。破烂堆里有镀金的木块，后面是兵营。兵营由佛堂改造而成，大殿中先前供奉着和人一样高的五百镀金罗汉像，每个罗汉像面前都曾点着一炷香，而现在摆放着冷冰冰的钢铁做成的行军床。没有什么比这更能展现现代人的野蛮了，他们愤怒到完全丧失了理智，疯狂反对宗教崇拜传统，无法奢望他们会高抬贵手，放过艺术。在世俗和宗教权力高度统一的地方，情况更加恶劣，破坏完全不受限制。苏联的领袖具有西方文明思想，保护了沙皇俄国的众多文化遗产，使它们免受狂热分子的摧残。但是在古老的中国，情况甚为严重，艺术受到践踏，珍宝遭到破坏，连传统也土崩瓦解了。

天坛周围的花园年久失修，不复当年精致的模样。以前，皇帝每年都会到天坛举行祈谷、祈雨、祭天三次祭祀大典。而现在，这些花园已是满目疮痍。原本光滑平坦的大理石平台断裂了，规整的大理石阶梯倒塌了，精致的汉白玉栏杆也毁坏了。小偷偷走屋顶的砖瓦，私下售卖，甚至公开交易……只剩下一座新建的无线电发射塔孤零零地耸立在那儿，十分显眼，它由政府主持修建，是唯一一座受到悉心保护的建筑。

天坛坐落在北京城南端、中轴线偏东的地方。天坛北部是中轴线上四四方方的皇城，皇城中央是四四方方的紫禁城，也就是古时候皇帝居住的地方，一条笔直宽阔的大道从紫禁城向南直通天坛。皇城是整个北京城的中心。这条南北走向的大道就位于这些四四方方的区域中央。古时候，皇帝到天坛举行祭祀大典，必须经过这条大道。皇帝位于万民之上，是国家权力和尊严的象征，行在前面，身后跟着许多大臣和侍从，场面庄严肃穆，十分壮观。平民百姓看不到这一切，也看不到紫禁城内无与伦比的殿堂和寝宫，无法了解帝王家族的生活起居。而现在，紫禁城变成了一座博物馆，只对那些没有购买门票的人来说是"禁地"。

在此，应向汉茨·冯·佩克哈默先生表示感谢，他在最后的时间里，捕捉到了这座从地平线上缓缓陷落的城市的美丽，并用恰当的方式将这些应该保存的东西悉数记录了下来。城市不可避免地向前发展，剪影时时刻刻都在变换，不曾定格。我们眼睁睁地看着北京周边山上的佛塔一点点地消失，西山上到处都是断壁残垣、乱石碎瓦。到底发生了怎样的灾难，才造成今天这样的景象？！几年前，法国巴黎赛努奇亚洲艺术博物馆展出了一批艺术水平奇高的文物，按照欧洲人的推算方法，这些文物大概要回溯到史前时期，它们都是古老的宗教崇拜所孕育出的瑰宝。看来，在遥遥拱卫北京城的西山和西部大漠中，的确埋藏了不少铜像、玉器和精美的画卷等奇珍异宝。

当我们望向未来，预测在这个时代结束之后，新时代将发生什么时，我们会感到一阵恐惧，就像站在摇摇欲坠的高塔上向下看。这种恐惧使我们更愿意、更渴望看到过去的美丽，看到保存完好的古物。这一点已经深深地扎根在我们的思想中。摄影艺术或许能留住昔日的美好，但只能在美景被破坏之前实现。只有受过艺术训练或者拥有极高艺术天赋的人，才能敏锐地捕捉到异国风景的与众不同之处，感受到它们独特的风格，进而理解和领悟其内在意蕴（有一张非常美丽的图画，展示了从万寿寺望向积满冬雪的大树的景色）。

紫禁城南入口为天安门，离天安门不远处有一片围墙环绕的小型建筑群，属于欧洲建筑，与中国风格不相称。从地图上可以看出，这片显眼的区域就是外国公使馆区。汉茨·冯·佩克哈默先生站在这里，望向有士兵在放哨的天安门东南角，从这个角度拍了照片。多么绝妙！对于东方世界和谐之光的仰慕者和古都北京的欣赏者而言，这张照片抵得上千言万语。在另外一个位置，有一段向外凸出的围墙，里面是英国公使馆的花园。破碎的砖瓦等战斗痕迹是义和团运动时遗留下来的。那是一场令人难忘的斗争，中国人爱国心切，自发起义，向无耻的西方侵略者发起反击，并呐喊着：永世不忘！现在看来，真枪实弹的战争并无必要。中国人最好以谈判的方式进行抗争，通过协商条约获得更多权益；要是打起仗来，西方列强所受的损失恐怕远不及他们自己同胞所受的大。极为混乱、不留情面的革命运动已经使中国遭受了巨大的灾难，造成了无数百姓的伤亡。半个世纪以前，愤怒的英法联军的铁骑践踏圆明园，使圆明园不幸成为战争的牺牲品。现在，中国人手足相残，可以想象，受到伤害的绝不仅仅是老百姓，还有中国人世代相传的艺术文物。多么可怕啊！

看门的僧侣不住地打量持木棍敲门的外国人，猜想这个人大概想进来看看。古寺的大门已经破烂不堪了。寺院内的大殿周围环绕着一个花园。在花园中，这个外国人看到了几块大理石制成的龟驮石碑，碑上刻有法令，象征无上的威严。花园已经很久没有人打理了，雨后的地面泥泞不堪，龟趺底座上沾满了烂泥。长城是中国力量的化身，一段城墙接着一段城墙，不断向东、北、西延伸，蜿蜒盘旋在崇山峻岭之间。它真能将中国与中国之外的世界隔开吗？中国之外的世界现在已是风云剧变，列强纷纷联合，将枪口齐齐指向这个落后的古老大国，他们的侵略计划早已开始。城墙倒塌，龟驮石碑破碎，下一个会是什么？法度，中国的精神，还是永恒的儒家思想？

文物建筑倒塌了，庞大的中华民族已经麻木了，他们双手颤抖，再也托不起千年的大国梦想，只能闭上眼，张开四肢，裸露胸膛，任人宰割。外来民族不怀好意地靠近，所向披靡，已经将中国这条巨龙蚕食了，侵吞了，消化了！如今，新的危险迈着无法阻挡的强势步伐，震天动地地到来。传统崩塌的同时，东方艺术中古老的宗教崇拜及其永恒的象征也消失了。

这是一个令人看不透的民族，对欧洲人来说，如此难以理解。这一切是那么神秘，叫人望而却步；又是那么美好，让人为之倾倒！我们不喜欢这里刺耳的音乐，却醉心于文物建筑和谐的线条，这是这个民族最为神秘的东西，令人产生无限遐想。这种和谐源于这个民族最初的思想和精神。通往寺院的月亮门，像虎背一样横跨在河上的拱桥，对称的亭台、栏杆和阶梯，数字的应用和有规律的比例，以及用于祭天地、祈丰收、奠亡者、镇鬼怪、供神灵的神坛的制式，都蕴含着古老的智慧，体现了宗教、法度和传统。大概这就是埋藏在戈壁荒漠最深处的东西吧！

这个国家拥有4亿人口，面对强盗的劫掠却毫无还手之力。不过，即便把他们那古老的天文仪器抢到西方去，又有什么用呢？宇宙的奥秘，人类和自然的关系，将天、人和永恒联结起来的无形的力量，那些沉默寡言、潜心修行的道士们正力求参悟这一切无法言说的奥秘，他们将这些秘密保存至今，从不向外人说起。在北京大大小小的道观中，道士的身影随处可见，他们在静静燃烧的香火旁边打坐，一动也不动。他们气息微弱，宽大的道袍也纹丝不动。肉身仍存于俗世，但和泥地中破败的龟驮石碑不一样，也不同于西山上破碎的琉璃塔，这种"沉寂"不是将死之人的愁绪，不是没落，而是升华，是一种我们不能理解的超越世俗的豁达和淡然。旁人无法打破这种安宁。在东亚，从斯里兰卡到日本镰仓，欧洲人都可以从当地的佛像中感受到一种令人惊愕的安宁，仿佛巨大的嘲讽，使人不得不在它面前垂眼低头。

北京西山远近闻名。那儿有一座印度式寺庙，民族解放英雄孙中山先生的灵榇就曾安放在那里。在一个晴朗的白天，我们站在寺庙内的佛塔上，远望威严的皇城。古老的紫禁城闪耀着金色的光芒。皇城四周环绕着高大的城墙，四面的城门雄伟夺目。南面的城门更像一座塔，东边的城门则类似于安放骨灰的塔楼。东便门已经倒塌，到处都是断壁残垣，令人叹惋。紫禁城中还零零散散地点缀着好几处宽敞的花园。景山紧挨着紫禁城北部，郁郁葱葱的，十分好看。景山是紫禁城的后盾，抵挡了从北方吹来的妖风和怪风，庇佑着皇城，这是中国的传统。在中国，每家每户都会在大门和院子中间建一座影壁，将内外隔开，阻止孤魂野鬼溜进家宅，带来灾祸。城墙之间是各式各样的城区，构成了北京城。运河上，到处都是船只和船夫，岸边有很多人在钓鱼；城门下，来来往往的商队和黑黢黢、毛茸茸的骆驼正在赶路；商人急着赶路运货，驾着马车匆匆驶过；街道上，行人络绎不绝，商业街上更是人潮涌动；黑压压的官兵步伐整齐划一，从这个兵营到那个兵营轮岗；送葬队伍各式各样，队伍前面总有人呼天抢地；阳光下不时闪烁着光点，那是大学和美国人创办的医院里明亮的窗玻璃反射形成的；低矮的砖瓦铺就的屋檐下，许许多多的胡同相互交织，令人眼花缭乱……从中可以区分出不同的等级：紫禁城、皇城、普通老百姓的居民区、贫民区。城墙将方形的城区和郊区分隔开来。历经变革，北京城混乱不堪，见证着一段空前的历史。

时间凿碎了通往宫殿的华美阶梯。那是显示身份的阶梯，一排排向上延伸，坚固而威严；那也是造就虔诚的阶梯，越往上就越接近大殿，越接近先人的灵魂和精神，越往下就越渺小，越远离先人的灵魂和精神。它们被破坏了，精神阶梯也被破坏了。但是，塔上的八卦符号没有磨灭。乾、坤、震、巽、坎、离、艮、兑，象征着天、地、火、云和不同状态的水，活着的人通过它们掌握命运，达到永恒。

亚瑟·豪利彻尔（Arthur Holischer）

1928年秋，柏林

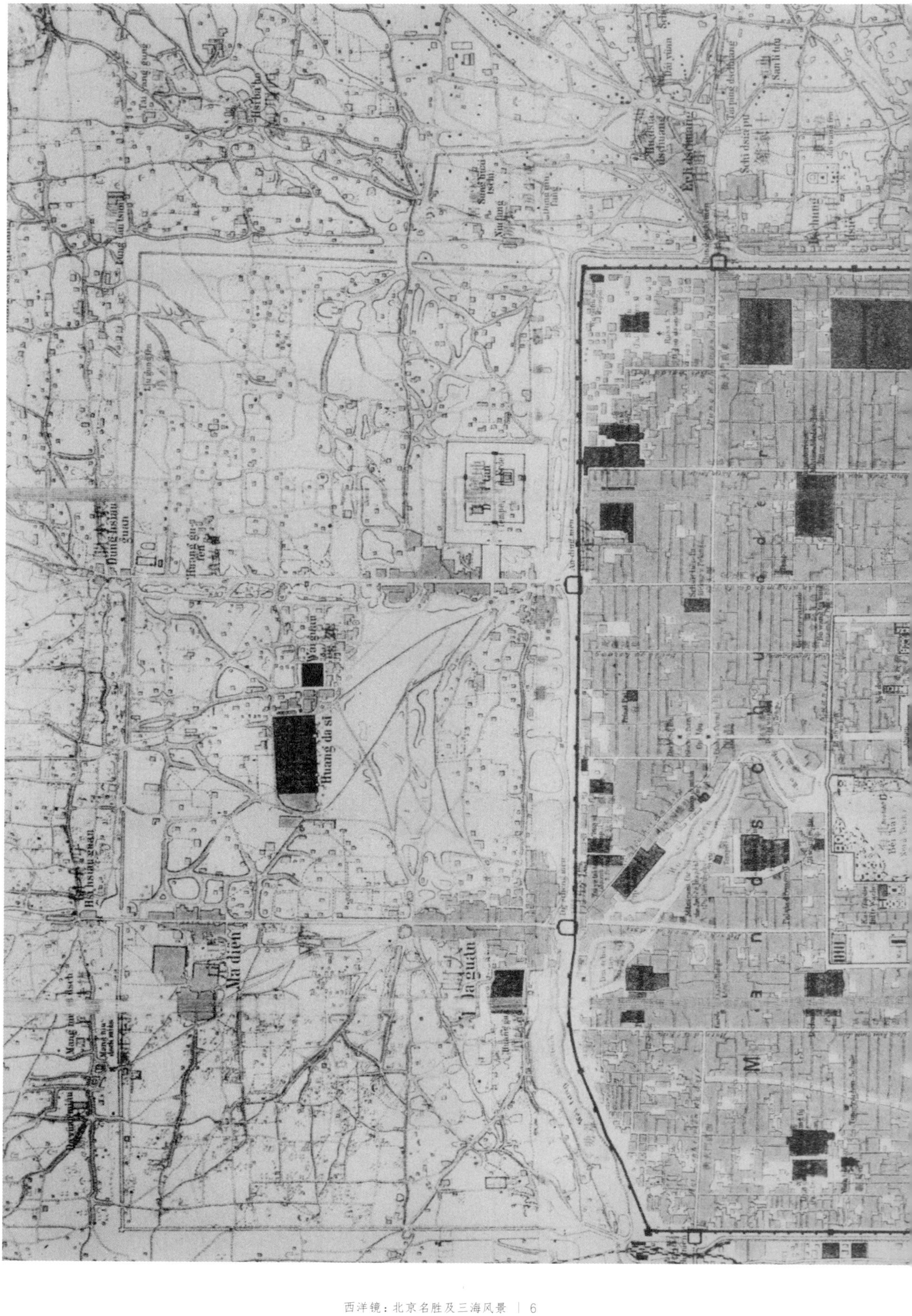

北京

图一 从北海琼华岛顶端远望紫禁城

照片中可以看到紫禁城西北角楼、御花园以及中轴线上的前三殿和后三宫。此外，还可以看到大高玄殿正门外的习礼亭和三座牌坊。大高玄殿位于北海公园东侧、景山西侧，始建于明朝嘉靖二十一年（1542年），是北京市唯一现存的皇家道教建筑群。1956年修建景山前街时，图中的习礼亭和牌楼全部被拆除

图2.太和门西侧的青铜狮子

太和门是紫禁城外朝正南门，建成于明朝永乐十八年（1420年），清朝光绪十四年（1888年）毁于大火，光绪十五年（1889年）重建。太和门外的一对铜狮子铸造于明朝时期，是紫禁城内最大的铜狮子

图3.金水桥及石狮子

石狮子位于天安门前、金水河两岸，建于明朝永乐十八年（1420年）。其中，金水桥头右侧石狮子腹部有伤痕，据说是庚子事变期间，八国联军炮击天安门时造成的

图4.天安门前金水桥

自西向东拍摄。远处建筑是长安左门，20世纪50年代拆除

图5.天安门城楼西侧的华表与石狮子
1959年国庆十周年庆典前对天安门广场进行了改造，城楼前的华表和石狮子分别向东西两侧移动了位置

图6. 在前门东侧城墙上北望中华门和天安门

照片中道路是公安街（今天安门广场东侧路），道路左侧近处是中华门，远处是天安门

图7.透过中华门门洞远望天安门

中华门，曾名大明门、大清门，是北京明清皇城的正南门，原址位于前门北侧，1959年扩建天安门广场时被拆除，1976年在其遗址上修建了毛主席纪念堂

图8.远望北海琼华岛白塔

图中石桥位于永安寺前，因此被称为永安寺桥。又由于石桥两侧牌坊分别写着"积翠"与"堆云"二字，因此也被称为堆云积翠桥

图9. 远望北海琼华岛白塔

从北海北岸阐福寺前向南眺望，前景两侧分别为龙泽亭和澄祥亭

图10.北海琼华岛倚晴楼

自南向北拍摄。透过券洞门,可以看到琼华岛长廊的局部。倚晴楼建于清朝乾隆十八年(1753年),位于琼华岛长廊的东端,与长廊西端的分凉阁遥遥相对

图11.北海九龙壁

九龙壁建于乾隆二十一年(1756年),原是大圆镜智宝殿山门(真谛门)前的影壁,1900年庚子事变期间,大圆镜智宝殿毁于战火,后虽经重修,但又于1919年失火被焚,仅剩九龙壁

图12.九龙壁局部

九龙壁两面各饰有九条彩色大蟠龙，正中是黄龙，左右两侧各有一蓝龙、一白龙，再往外各有一黄龙、一紫龙。图中为其中一白龙

图13.北海一角

图14.从北海远望景山万春亭

万春亭里供奉着一尊毗卢遮那佛，佛像全身均为铜塑，是封建统治者崇拜宗教的象征。同时也赋予空间以政治含义，设计别具匠心（原供奉的佛像在20世纪六七十年代被捣毁，现在的佛像是1998年重塑归安的）

图15.透过琼华岛白塔北侧的月洞门远望鼓楼和钟楼

钟楼和鼓楼坐落在北京南北中轴线北端，是明清时期的报时中心。庚子事变期间，八国联军将钟楼和鼓楼上的文物抢劫一空，幸运的是建筑本身未受损坏。1924年，北洋政府将鼓楼改为明耻楼，第二年又改为齐政楼

图16.北海善因殿

善因殿位于白塔前，乾隆十六年（1751年），为了庆贺皇太后六十大寿而修建，比白塔足足晚了100年。殿外的蓝色琉璃墙上镶嵌着455尊绿度母坐像。殿内供奉着一尊铜鎏金大威德金刚神像，据说是北海乃至北京城的「守护神」。登上善因殿，可以观赏到紫禁城全貌

图17.北海善因殿内香炉
香炉位于善因殿一层门洞内，透过门洞可以看到中南海水云榭

图18.从琼华岛北侧长廊向北远眺
可以看到远处的五龙亭、万佛楼和大慈真如宝殿，其中，万佛楼于20世纪70年代被拆除

图19.圆丘

图20.圆丘

天坛始建于明朝永乐十八年（1420年），是明清两代皇帝"祭天""祈谷"的场所。圆丘位于天坛南部，始建于嘉靖九年（1530年），是皇帝举行冬至祭天大典的场所，又称祭天坛

图21.金鳌牌坊

自金鳌玉蝀桥东端向西拍摄。金鳌玉蝀桥横跨北海之上，因西、东两端的金鳌坊和玉蝀坊而得名。1954年，大桥两侧牌坊拆除，改名北海大桥。拆掉后的牌坊移至陶然亭公园，20世纪六七十年代被销毁

祈年殿位于天坛北部，始建于明朝永乐十八年（1420年），是明清两代皇帝孟春祈谷之所，又称祈谷殿。光绪十五年（1889年）毁于雷火，数年后原样重建。

图23.皇穹宇

皇穹宇位于圜丘以北，始建于明朝嘉靖九年（1530年），是供奉圜丘坛祭祀神位、存放祭祀神牌的处所，其围墙具有传声功效，俗称回音壁

图24.透过地祇坛棂星门看南侧的神龛

地祇坛位于先农坛内坛南门外，天神坛西侧，始建于明朝嘉靖十一年（1532年），与天神坛合称"神祇坛"，是明清两代祭祀五岳、五镇、五山、四海、四渎诸地的神坛台。此坛已毁，只存神龛，2000年初年移至先农坛内坛

图25.孔庙大成殿

北京孔庙是全国四大文庙之一、建成于元朝大德十年（1306年），明清两朝曾多次扩建。大成殿是孔庙的正殿，殿内正中央供奉着孔子牌位，上书"至圣先师孔子神位"

图26.孔庙大成殿前石阶

图27.国子监琉璃牌坊

国子监始建于元朝大德十年（1306年），是元明清三代国家管理教育的最高行政机关和最高学府。琉璃牌坊建于乾隆四十八年（1783年），正面额书"圜桥教泽"，背面为"学海节观"，彩画华美，是北京唯一不属于寺院的琉璃牌坊

图28.透过琉璃牌坊看国子监辟雍大殿

国子监辟雍大殿始建于乾隆年间，是皇帝讲学的殿堂。大殿正面屋檐下高挂着乾隆皇帝书写的"辟雍"匾额

图29.颐和园东宫门外涵虚牌楼

东宫门是颐和园正门。涵虚牌楼始建于清朝乾隆十五年（1750年），因牌楼东西两侧匾额分别写着"罨秀""涵虚"得名。光绪年间重修颐和园时，将乾隆时期的破旧牌楼拆除重建，两侧匾额上的字调换了位置，东侧改为"涵虚"，西侧改为"罨秀"

图30.颐和园仁寿殿铜龙

仁寿殿位于颐和园东宫门内，是宫廷区的主要建筑之一，清漪园时名勤政殿，始建于清朝乾隆十五年（1750年），1860年被英法联军烧毁，光绪十二年（1886年）重建。这是慈禧太后和光绪帝在颐和园居住时临朝理政，接受恭贺和接见外国使节的地方。殿前陈列着铜龙铜凤，慈禧太后为了彰显自己的权威，将铜凤放在中间，铜龙放在侧边

图31.谐趣园
照片正中是知春亭，左边是引镜，右边是谐趣园宫门。谐趣园位于颐和园东北角，小巧玲珑，自成一局，被称为"园中之园"。乾隆时期，仿照江南名园寄畅园建造，原名惠山园，嘉庆时期改造和扩建，改名谐趣园。1860年被英法联军烧毁，光绪十八年（1892年）重建

图32.谐趣园知鱼桥和知春堂
右前方石桥是知鱼桥，左后方建筑是知春堂。乾隆皇帝修建惠山园时，仿照寄畅园内的嘉树堂修建载时堂，为惠山园八景之首。1860年，载时堂被英法联军烧毁，光绪十八年重修后更名为知春堂

图33.颐和园乐寿堂

乐寿堂面临昆明湖，背倚万寿山，东达仁寿殿，西接长廊，是园内位置最好的居住和游乐的地方。原本是乾隆皇帝母亲上香时休息的地方，1860年被英法联军烧毁，光绪十七年（1891年）重修，成为慈禧太后寝宫。院内陈列着铜鹿、铜鹤和铜花瓶，意为"六合太平"。种植有玉兰、海棠、牡丹等花卉，寓"玉堂富贵"之意。照片中正是盛开的海棠和铜花瓶

图34.俯瞰颐和园万寿山排云门和云辉玉宇牌楼

图中从云辉玉宇牌楼起，排云门、排云殿、德辉殿、佛香阁逐次高升，是颐和园南北中轴线上最重要的核心景观建筑组群

图35.颐和园鱼藻轩

从鱼藻轩向西看，可以看到西堤上的镜桥、玉泉山上的玉峰塔和远处的西山。1927年6月2日，著名学者王国维便是在这里自沉于昆明湖

图36.颐和园长廊

在清遥亭内自西向东拍摄。颐和园长廊位于万寿山南麓和昆明湖北岸之间，东起邀月门，西至石丈亭，中间穿过排云门，两侧对称建有留佳、寄澜、秋水、清遥四座重檐八角攒尖亭，象征春夏秋冬四季，全长728米。始建于乾隆十五年（1750年），1860年被英法联军焚毁，1888年重新建造

图37.颐和园清晏舫

清晏舫位于昆明湖西北部，始建于乾隆二十年（1755年），1860年被英法联军烧毁。现存的清晏舫是光绪二十年（1894年）重修。石舫的船身是清漪园时的旧物，船舱部分仿法国"翔凤号"游艇，建起两层西洋式舱楼，改名为"清晏舫"，取"河清海晏"的吉语，兆示天下太平

图38.颐和园荇桥

荇桥位于清晏舫北侧，始建于乾隆年间，光绪年间重修。荇桥两端牌楼在日伪占领时期（1942年）被拆毁，1992年复建

图39.颐和园昆明湖东堤铜牛

铜牛铸造于乾隆二十年（1755年），取"永镇悠水"之意。1860年，攻占北京的英法联军一度以为它是一头金牛。据说，他们还试图把铜牛搬走，运往外国，只是铜牛太大太重，无法搬动，因此一气之下，他们砍掉了铜牛的尾巴

图40.颐和园十七孔桥

十七孔桥东连廓如亭，西接南湖岛。修建于乾隆时期，兼具北京卢沟桥、苏州宝带桥的特点，桥上共有大大小小544只形态各异的石狮子

图41.十七孔桥和廓如亭

廓如亭位于十七孔桥尽头，俗名八方亭，始建于乾隆十七年（1752年），1860年被英法联军焚毁，光绪十四年（1888年）按照原样重修，是我国现有古亭中面积最大的亭式建筑

图42.自南湖岛北望万寿山

南湖岛位于昆明湖东南侧，占地一公顷多，与万寿山遥相呼应。岛上主要建筑有涵虚堂、龙王庙、鉴远堂、澹会轩、月波楼、云香阁等建筑

图43.从南湖岛涵虚堂一层门洞远望万寿山佛香阁

涵虚堂位于南湖岛北岸，与佛香阁隔水遥相呼应。前身为乾隆年间建成的三层高阁"望蟾阁"，嘉庆十八年（1813年）时改建成一层的涵虚堂。1860年涵虚堂被英法联军焚毁，光绪年间重建，慈禧太后曾率光绪帝和后妃们在这里观看水师学堂演习水操

图44.颐和园转轮藏

转轮藏建于乾隆年间，是清朝帝后贮藏经书、佛像和念经祈祷的地方。整组建筑由正殿，配亭和"万寿山昆明湖"石碑组成。配亭为上、下两层，有木制彩油四层木塔贯穿其中，木塔贮经文、佛像，可以转动，以象征诵读经文

图45.颐和园转轮藏

转轮藏建筑群中部是一座巨大的青石须弥座，座高2米，上面坐落着"万寿山昆明湖"石碑，石碑通高9.87米。碑座为六层束腰式，腰身浮雕佛像，四周雕龙纹；碑帽雕卷草龙纹，正中宝顶，造型雄伟，雕刻精美。建于乾隆十六年（1751年），碑南面正书"万寿山昆明湖"六个大字，背面为记述疏浚昆明湖始末的"万寿山昆明湖记"，两侧刻乾隆御制诗共九首，皆为乾隆御笔

图46.颐和园宝云阁铜亭

宝云阁铜亭建于乾隆二十年（1755年），是清朝帝后祈福诵经之所。1860年英法联军火烧清漪园，铜亭是园内极少数
幸存的建筑之一。1900年再遭八国联军洗劫，亭内陈设被抢劫一空，数十扇铜窗也流失海外。1993年，美国工商保险
公司董事长格林伯格赠还10扇铜窗给颐和园

图47.颐和园智慧海

智慧海是颐和园最高处的建筑，建于乾隆时期，结构用砖石发券砌成，不用梁柱承重，俗称无梁殿。壁面嵌有上千尊无量寿佛。1900年八国联军侵入北京，智慧海壁面部分琉璃佛像被侵略军用枪托敲毁

图48.颐和园万寿山花承阁多宝琉璃塔
花承阁坐落在直径约60米的半月形砖砌高台上，始建于乾隆十六年（1751年），1860年被英法联军烧毁，多宝琉璃塔由于是砖石结构得以完整保存。多宝琉璃塔与圆明园、静明园（玉泉山）和静宜园（香山）琉璃塔堪称姊妹塔

图49.颐和园四大部洲局部

四大部洲是一组典型的藏传佛教建筑，包含大小建筑19座，位于万寿山后山中轴线上，始建于乾隆年间。1860年，四大部洲建筑群遭到英法联军焚毁，光绪十四年（1888年），复建香岩宗印之阁与南山门

图50.颐和园昆明湖

图51.颐和园石桥

图52.从颐和园昆明湖远望玉泉山
近处是昆明湖，远处是玉泉山、玉峰塔，更远处是连绵的西山山脉

图53.从颐和园外石牌坊远望万寿山
透过连接颐和园、玉泉山官道上的石牌坊向东望，远处可见颐和园万寿山佛香阁

图54.在玉泉山东麓半山腰远望颐和园

图55. 圆明园西洋楼景区谐奇趣残迹

自南向北拍摄。这座建筑因主要是砖石结构，1860年大火后大部分得以保留。遗憾的是后又遭毁坏，如今所剩不多。谐奇趣位于西洋楼景区西端南部，乾隆十六年（1751年）秋季竣工，是西洋楼景区第一座欧式建筑。主楼三层，是演奏中西音乐之处

图56.香山静宜园昭庙琉璃万寿塔

昭庙全称宗镜大昭之庙,意为"尊者神殿",建成于清乾隆四十五年。琉璃万寿塔位于昭庙最西的山包之上,为一座七级八面密檐式实心塔,通高约30米

图57.透过香山昭庙大门远望琉璃万寿塔

图58.玉泉山静明园华藏塔，远处是玉峰塔

图59.华藏塔基座

图60.玉泉山圣缘寺琉璃塔
圣缘寺位于玉泉山西麓，寺内琉璃塔在造型、高度、颜色上，与颐和园多宝琉璃塔基本一样

图61.慈寿寺塔
慈寿寺塔修建于明朝万历四年（1576年），又称永安万寿塔、八里庄塔

图62.玉泉山圣缘寺琉璃塔

图63.玉泉山脚下的驼队

图64.穿过玉泉山东边石牌坊的驼队

图65.玉泉山下的挑夫

图66.香山昭庙前琉璃牌坊
昭庙全称宗镜大昭之庙，建成于乾隆四十五年（1780年），是一座宏伟壮丽的汉藏混合式喇嘛庙

图67.香山昭庙前琉璃牌坊局部

图68.颐和园玉泉山驼背桥（玉带桥）

图69.玉泉山驼背桥

图70.华表

图71.赑屃（龟趺）

图72.清景陵

景陵康熙帝的陵寝，位于河北遵化县（现遵化市）。始建于康熙十五年（1676年），竣工于康熙二十年（1681年）

图73.墓地

图74.明十三陵神道旁的石象

图75.居庸关云台
居庸关云台建成于元朝至正五年（1345年），云台上原本矗立着三座喇嘛塔，元末明初时被毁。云台的雕刻极为精致，是元代石雕艺术中的杰作

图76.青龙桥火车站
青龙桥火车站修建于光绪三十四年（1908年），2008年被首都博物馆确定为工业遗产。青龙桥火车站所在的南口至八达岭段是京张铁路保留较完整的一段

图77.暮色中的西山

图78.前门

前门，即正阳门，北京内城正南门。始建于明朝永乐十七年（1419年），多次因战乱或者火灾重建或修缮。现存城楼和箭楼，是北京城内唯一保存较完整的城门

图79.前门大街

图中的牌坊位于正阳桥前，是北京街道上唯——座五开间木结构牌坊，百姓称之为"五牌坊"，1955年拆除，1996在原址偏南复建

图80.前门关帝庙前的香炉
前门城楼券门两侧各有一座小庙，分别是西侧的关帝庙、东侧的观音庙。20世纪60年代，因为地铁的修建，这两座小庙和
前门两侧的城墙一起被拆除

图81.正在铺设石板路的前门大街

图82. 从前门箭楼上东望前门火车站

近处是前门火车站的车场，远处可见崇文门城楼和内城东南角楼。前门火车站，即京奉铁路正阳门东车站，1906年建成使用，是当时全国最大的火车站，直到20世纪中期一直是北京最大的火车站，1959年停用。图中还可以看到《益世报》的广告，《益世报》创办于1915年，发行量仅次于当时的《大公报》

图83.暮色中的前门

图84.崇文门

崇文门，又称海岱门，谐音又称"哈达门"，始建于1267年。既是皇城运酒的专用通道（酒门、酒道），也是才子赶考必经之门（幸运之门），明清时期在此设立税务司（财富之门）

图85.北望崇文门城楼

图86.在崇文门城楼上南望崇文门外大街

图87.在崇文门城楼上南望崇文门外大街

图88.朝阳门

朝阳门是北京内城东垣南门,元朝时称齐化门。漕粮出入和北京百姓的口粮均来源于此,所以城门洞顶上刻着一个谷穗儿。如今朝阳门内的地名还有"禄米仓""海运仓""新太仓"等,这些都是当年存放漕粮的仓库

图89.从东交民巷院墙上远望崇文门

图90. 东单牌坊

东单牌坊为三间四柱三楼冲天式木牌坊，上书『就日』，因此东单牌坊也被称为『就日坊』。远处是崇文门

图91.黄昏时分的崇文门

图92.东便门附近的铁路券洞

"京师环城铁路"打通了东南角楼西侧的城墙，按中国传统的拱券式门洞修建了火车券洞。火车从外城东便门车站穿过券洞，经朝阳门、东直门、安定门、德胜门到达西直门。该火车券洞至今保存完好，是京师环城铁路唯一的遗存

图93.朝阳门内的街道

图94.永定门城楼和箭楼

永定门是北京外城南垣正门,北京外城城门中最大的一座。城楼和瓮城在20世纪50年代被拆除,2005年复建城楼落成

图95.城墙下的京师环城铁路

为了解决北京城粮煤的运输问题.1915年6月,北洋政府开始修建"京师环城铁路",12月竣工,全长12.6公里。从京绥铁路(今京包铁路)的起点西直门站(今北京北站)沿着城墙与护城河之间的"官荒地",经德胜门、安定门、东直门、朝阳门到东便门与京奉铁路(今京沈铁路)接轨后,向西经今天的明城墙遗址公园,过崇文门到前门车站。1971年8月拆除完毕

图96.落日余晖映照下的东便门角楼

图97. 东便门角楼
水路交通曾经是北京城行人出行与货物出入的重要方式，东便门和大通桥是元明清三代北京城市水网的枢纽，许多南方运来的货物均从通惠河来，在大通桥转运至北京城

图98.东便门外热闹的蟠桃宫庙会

图99.东便门
在大通桥正中向南拍摄

图100.东便门

图101.东便门外大通桥

图102.安定门

安定门，为明清北京内城北垣东门。始建于明朝洪武元年（1368年）。瓮城和闸楼于1915年修建环城铁路时拆除，箭楼和城楼于上世纪五六十年代拆除。

图103.阴雨天护城河河边

图104·从鼓楼向南远望地安门外大街

道路尽头是地安门，过了地安门不远是景山，右侧远处是北海公园

图105.雍和宫延绥阁与法轮殿间的飞廊

图106.雍和宫内铜狮

图107.雍和宫内庭院

图108.雍和宫万福阁内弥勒大佛
大佛由整根白檀木雕刻而成，高18米，立于须弥座上，是七世达赖喇嘛的贡品

图109.西黄寺清静化城塔
清净化城塔俗称"班禅塔"或"六世班禅塔"，即六世班禅大师的衣冠塔，是西黄寺的主要标志性建筑

图110.西黄寺清静化城塔塔基

图111.西黄寺清静化城塔须弥座上浮雕

12.东黄寺天王像

名寺院的看门人正站在东黄寺天王殿内的西方广目天王的腿上。东黄寺原名普净禅寺，清朝顺治八年（1651年）为活佛脑木汗所建，后五世达

赖在此常驻。塑像和寺庙毁于20世纪50年代

图113.妙应寺白塔
妙应寺白塔是我国现存最早、最大的喇嘛塔，始建于元朝至元八年（1271年），次年开始以白塔为中心兴建寺院

图114.天宁寺塔
天宁寺塔建造于辽代大康九年（1083年），是北京城区现存最古老的地上建筑

图115.天宁寺石刻前的一名僧人

图116.大钟寺住持
大钟寺原名觉生寺,建于雍正十一年(1733年),本为皇家寺庙,1985年辟为大钟寺古钟博物馆

图117.万寿寺

万寿寺建于明朝万历五年（1577年），后世曾数次重修，光绪二十年（1894年）成为行宫，1985年被辟为北京艺术博物馆

图118.万寿寺内叩拜的僧人

图119.万寿寺一角

图120.万寿寺雪景

图121.万寿寺雪景

图122.万寿寺雪景

123.万寿寺藏经楼

124.万寿寺内跨院

图125.万寿寺内拜佛的僧人

图126.黑寺

黑寺曾是北京著名的喇嘛庙，因覆以黑瓦，故俗称黑寺，原为前后两寺，前黑寺原名慈度寺，后黑寺原名察罕喇嘛庙，以打鬼（跳布扎）、历科武会试、雕塑精品这"三绝"闻名于世，1925年毁于军阀混战。照片中即春节期间的打鬼祭祀活动

图127.黑寺大殿

图128.戒台寺内庭院

戒台寺始建于唐朝武德五年（公元622年），原名慧聚寺，明英宗赐名万寿禅寺，因寺内建有全国最大的佛教戒坛，民间通称为戒坛寺，又叫戒台寺

图129.戒台寺香炉前的僧人

图130.戒台寺内众多的僧人

图131.戒台寺住持

图132.戒台寺龙树

图133.戒台寺全景
在山上透过树丛俯瞰戒台寺，照片中的庑殿顶建筑是千佛阁，1966年拆除

图134.碧云寺

碧云寺创建于元朝至顺二年（1331年），明清两代曾多次扩建，寺院坐西朝东，依山势而建

图135　碧云寺全景

图136．碧云寺金刚宝座塔塔基券门

图137.碧云寺金刚宝座塔

图138.碧云寺金刚宝座塔塔基

图139.碧云寺金刚宝座塔塔顶

图140.碧云寺弥勒佛

1.碧云寺天王像

图142.碧云寺金刚力士像（哼将）
碧云寺山门内哼哈二将被毁后又复制了两尊，但神态无法与这尊明代的塑像精品相比

图143.十方普觉寺卧佛

十方普觉寺原名兜率寺，始建于唐朝贞观年间（公元627—649年），清朝雍正十二年（1734年）重修后改名为十方普觉寺。寺内有一尊巨大的释迦牟尼佛涅槃铜像，因此被称为"卧佛寺"

图144.五塔寺金刚宝座塔

五塔寺原名"真觉寺"，创建于明朝永乐年间（1403—1424年），寺内金刚宝座塔建筑形式为高石台上有五座小型石塔，因此被称为五塔寺

图145.大觉寺大悲堂

大觉寺又称西山大觉寺、大觉禅寺，始建于辽代咸雍四年（1068年），金代时改名灵泉寺，明代重建后改为大觉寺。图片右侧是迦陵舍利塔塔基

图146.清真寺拜殿内景
图中拜殿充分吸收汉族建筑特色，采用了中国传统建筑的梁柱结构

图147.北京古观象台上的象限仪
古观象台始建于明朝正统七年（1442年），是明清两代的皇家天文台，图中象限仪制于康熙八年至十三年（1669—1674年），由比利时传教士南怀仁（时任钦天监监副）设计和监造

图148.长城

图149.长城

图150.长城

图151.长城

图152.长城

图153.卖新年扎花的老人

图154.买大蒜的妇人

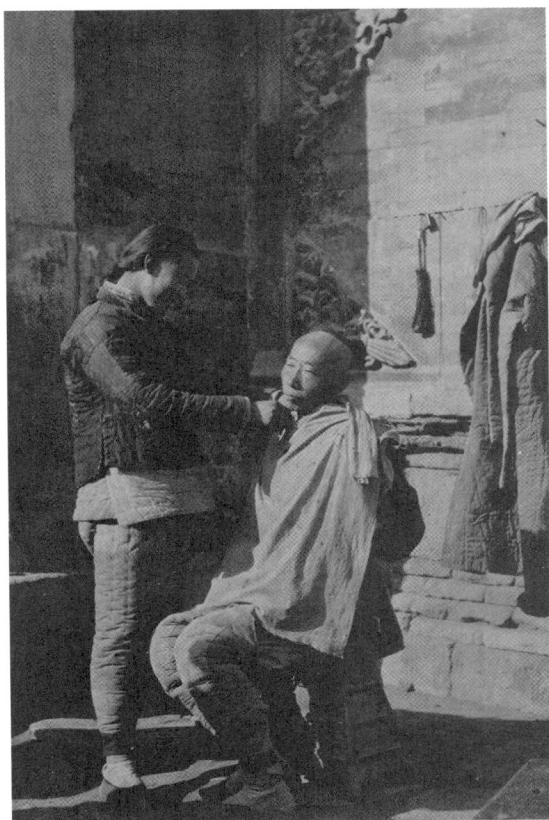

图155.街头的剃头匠

图156.冬天在街头小吃摊前吃东西的老者

图157.卖大蒜的小贩

图158.糖葫芦摊旁买东西的老太太

图159.卖油的小贩

图160.城墙下拾粪的老人

图161.万寿寺前的满族妇人

图162.热闹的街头

图163.买点心的满族妇人

图164.人力车

图165.僧人

图166.化缘的道士

图167.道士

图168.读书的老者

图169.拜年

图170.三弦艺人

图171.月琴艺人

图172.戏曲演员

3. 运米的船只

4. 卸船

图175.装满玉米的船只

图176.捉螃蟹的人

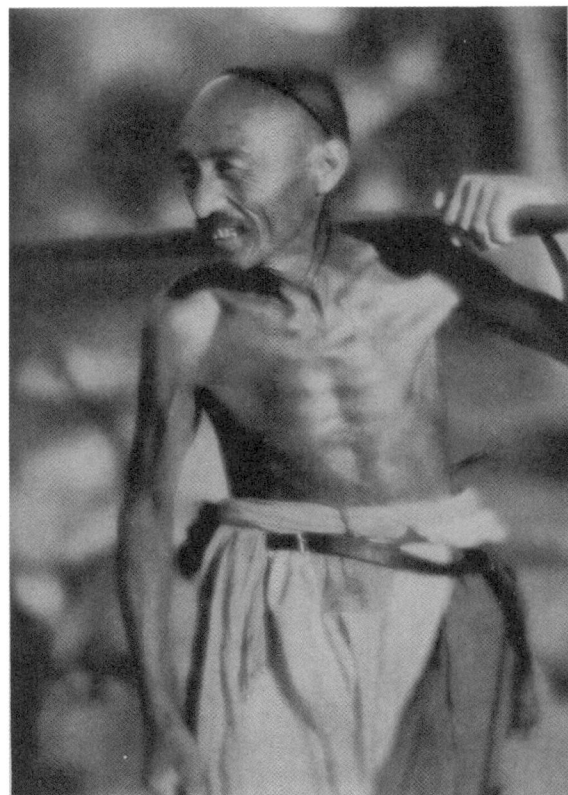

图177.苦力

图178.盲乞丐

图179.行乞的老妇和孩子

图180.吸烟的农夫

图181.纳鞋底的妇人

图182.旧官道上赶路的车夫

图183.放羊

图184.赶骆驼的孩子

图186.驼队饮水处

图187.送葬队伍

图188.卖西瓜的小贩

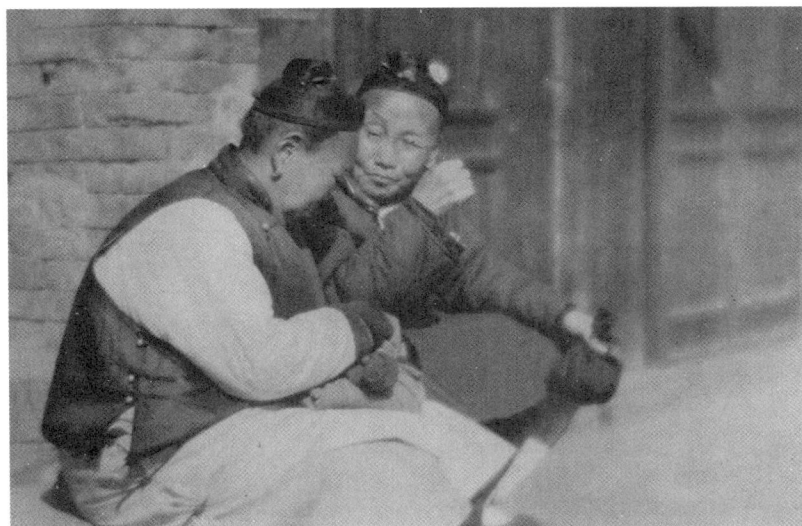

图189.聊家常的妇人

图190.制秤人

图191.沿街叫卖的小贩

图192.菜贩

图193.苦力

图194.火堆旁的苦力

图195.乡间茶馆

图196.夜间卖熟食的摊贩

图197.赶脚儿的
老北京七十二行之一,类似今天的出租车。赶脚儿的把驴
拴在城墙根,遇有客人租赁毛驴,他们要紧随其后,客人
上下驴,他们需得挽扶

图198.喝茶的老人

图199.寺庙守夜人

图200.礼佛的信女

中国与中国人

引言

对西方人而言，中国是个充满神秘色彩的国度。1295年，马可·波罗结束长达25年的旅行，回到威尼斯，写了一本游记。在书中，他精彩地描述了忽必烈汗的宫廷及其统治下的人民和城镇，向世界展示了一幅遍地金玉和美人的华丽图景。自此，在具有探险精神的欧洲人心目中，中国就一直神秘莫测、令人向往，吸引人们前去探寻奇珍异宝。然而，横跨欧亚大陆的旅程漫长而又乏味，危险重重。直到西方人在海上开疆拓土、发现到达东方的新航路之前，中国仍是梦中之国。

克里斯托弗·哥伦布非常熟悉马可·波罗的经历。西班牙塞维利亚的一座图书馆保存着一本《马可·波罗游记》，上面有哥伦布的亲笔评注。15世纪末期，哥伦布出发探寻中国（当时中国被称为Cathay），却发现了美洲大陆。16世纪20年代，葡萄牙人沿着与他相反的方向航行，真正与远东建立了联系。耶稣会士们想将中国基督教化，他们怀着极大的热情向这些"不信教的人"传教，并取得了令人瞩目的成就。虽然遭到多方反对，但总体上很受欢迎。第一位传教士是利玛窦，1600年抵达北京。汤若望和罗雅各紧随其后，他们发现当时中国的历法太过不便，于是致力于制定新历法。他们还制造出比当时中国人使用的更为高效的天文仪器，并将西方的数学体系引入中国。除此之外，耶稣会士还为中国及中国人做出了一个重大贡献，为汉语这种极其难学的语言梳理了最初的语法并编制了词典。

很快，中国与西方之间的关系受非宗教因素的影响越来越深。各国商人开始争夺中国贸易这块肥肉。当中国人提出确定贸易方式时，一系列问题接踵而至。清朝初期，在康熙与乾隆皇帝的统治下，中国达到盛世，外国瓷器收藏家们对这两位皇帝的名字耳熟能详。此后清朝却逐渐衰落，盛世不复存在。中国的软弱更刺激得外国无止境地索求。就在第一次世界大战之前，清朝末代皇帝退位，中华民国成立，中国这片广袤的国土事实上被瓜分成各国的保护地。在列强心目中，中国政府不再占有一席之地。

一战之后，这种情况有所改变。列强有其他地方亟须关注，即便他们想，却也无法完全占领中国。而且，中国人强烈的爱国主义情感已经产生，外国人此前以非和平手段所取得的那些特权成为众矢之的，尤其是治外法权（有舆论直接把矛头指向它）。列强们彼此嫉妒、各怀心思，就任何协同行动计划都难以达成共识。1916年袁世凯逝世后，中国深受军阀之害。有些军阀只不过是被美化了的土匪，他们在乡村烧杀抢掠，强迫饥民为他们打仗，互相攻击，钩心斗角，使国家几近毁灭。这种靠抓壮丁成立的军队之间的冲突并非西方意义上的内战，广大民众只想休养生息。中华民族本质上是个和平的民族，他们对此无能为力。经过艰苦卓绝的斗争，以孙中山"三民主义"为纲领的国民政府最终在长江沿岸的南京宣告成立，现在已经得到列强的正式承认。这个政府的实际权力范围有多广、有多少地方遵守其法律法规都很难说，况且它还要面对重重困难。

中国国土面积达一千多平方公里，人口近4.5亿，看一下世界地图就会明白这意味着什么。除了外国人依据条约修建的数条铁路之外，交通只能依靠河流和简陋的道路。气候多样，北部极寒，南部极热，民众大多在艰苦环境下精耕细作。中国易受自然灾害影响，但却没有处置灾害的机构。大量未受过教育的人经常忍饥挨饿。这些因素都使得中国政府任务艰巨。

然而，中国拥有最古老的文明，这种文明可能在许多方面都领先于世界所有已知文明，西方世界对其文学艺术几乎一无所知。她几乎不与其他民族联系，独立发展自己的科学，我们对此同样知之甚少。她孕育了一些世界历史上最伟大的思想家和哲学家。她创造的社会组织体系尽管有很多缺陷，尽管明显与现代西方观念相左，但其持续时间却比迄今为止的任何体系都要长。中国人本质上是聪明、正直、忠诚的，尤其是在坚决抵制西方病毒侵染的时候。

本书照片源自汉茨·冯·佩克哈默先生，他在中国生活了多年，很了解这个民族。这些照片主要呈现的是在北京的生活。忽必烈汗将北京从一个城镇变成了他庞大帝国的首都，称其为"大都"。当忽必烈建立的元朝衰落后，明朝的第一位皇帝朱元璋将首都改为南京。但北京很快就恢复了其最高地位，从1409年至今一两年前一直是首都。明朝的第三位皇帝永乐皇帝于1402年到1424年间在位，我们现在看到的北京城的形制与美景主要归功于他。这是座壮观美丽的城市，拥有精美的寺庙、宫殿和桥梁，充满生机和活力。北京西郊的西山，中国建筑师们将艺术与自然美景和谐相融，达到极致。我们已经深受西方拜金主义之害，希望这个崇尚天人合一的民族不要受到影响。

编者

图201. 渔夫

图202. 大钟寺看门人

他似乎在说：我已经不再过问世事，心情舒畅，有什么可奇怪的吗？

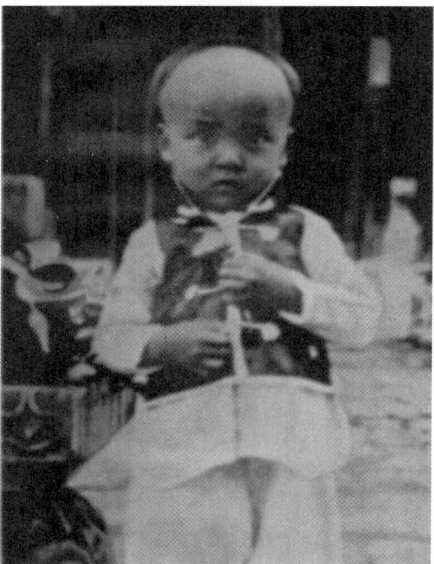

图203. 卖洋葱的人

他在看书，我们猜想他看的不是古代圣贤之论，而是古代英雄事迹

图204. 中国农民

中国人通常比看上去要强壮得多。他们艰辛劳作，承受重担，令人惊叹

图205. 乡村客栈中

请注意那支细小的烟斗，也就顶针那么粗，还有那小小的茶杯。中国人需求甚少，便可心满意足

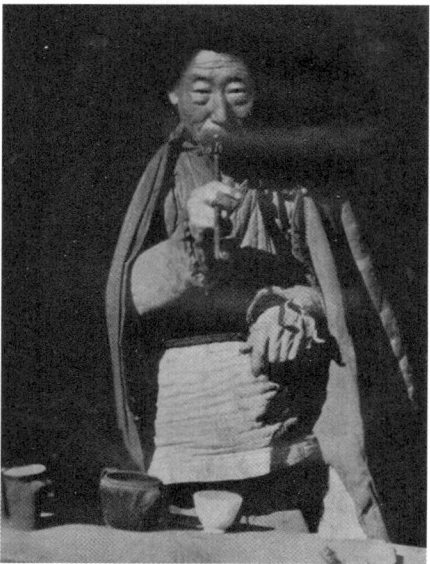

图206. 中国儿童

中国的儿童很惹人喜爱。这个小男孩刚睡醒，腼腆地看着镜头

图207.流动小贩

"甜瓜，甜瓜！不甜不要钱！"小贩这样吆喝着，但通常得使劲讲价

图208.食摊上的厨子

苦力有钱的时候，会在这里吃饭。照片左侧能看到一些小竹签，这是用来赌博的。如果某个苦力不幸输了，他就只能闻味了

图209.造纸匠

他正在制造粗糙的包装纸。湿纸贴在墙上晾干。这是份艰苦的工作，酬劳也绝不会多

图210.一班流浪艺人

他们在一座古庙院中演出。可怜的猴子想必不太舒服，它要点燃耳朵上的烟花

图211.吃晚饭的苦力

在万寿寺院中

图212.制鞋匠

"买双草鞋吧！天气要变干燥了！"北京的每处街角都能看到他们

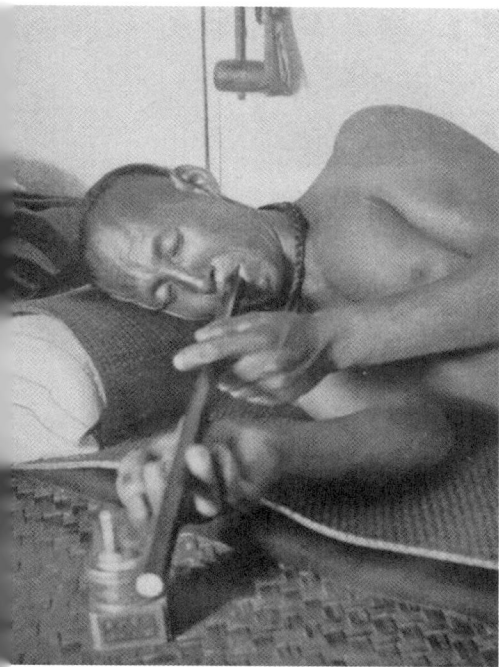

图213. 抽鸦片的人

自18世纪，中国人才沉迷于鸦片。外国人很乐意为他们提供毒药

图214. 露天缝补

在中国流动修鞋、补衣服的人所做的大部分工作在西方都由家庭主妇们完成

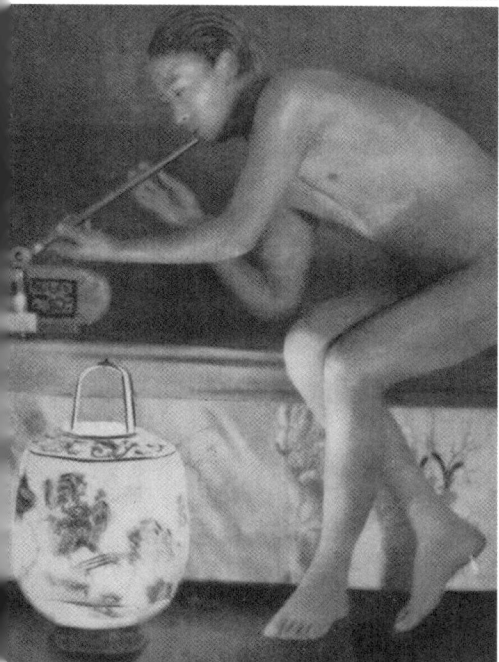

图215. 抽鸦片的人

他正在点烟

图216. 幸福的母亲

她给丈夫生了个儿子，丈夫死后，儿子可以继承香火。女孩就不行

图217. 寡妇在丈夫坟前恸哭

其实，寡妇不需要给丈夫陪葬，但她在先夫家中的地位并不优越

图218. 参加斋宴的女性。只有在这种情况下，女性才可以单独出门，不被看管。照片中的三名女子都是满族人

图219. 蒙古新娘
无论多穷，他们都认为在人生中的关键时刻，应当大摆排场

图220. 拜年
虽然平日往来不多，年节时聚餐和庆祝活动却颇为频繁

图221. 老农妇碾米
这是一处典型的农家宅院。夏天的时候，亮堂堂的院子成了起居之所。内室由于光线阴暗且通风不畅，只在严冬酷寒时才派上用场

22.骆驼与赶驼人

寿寺院中，除狗之外，所有生灵都可以在这座寺庙的院子里栖身

图223.雪中的骆驼商队

商队中的骆驼被木钉穿鼻而过，木钉上系着绳子，由此把它们拴连在一起。尽管有发达的现代交通方式，骆驼依然不可替代

24.道士

道士左肩所扛的象牙朝板表明他地位尊贵。象牙朝板是纯洁象征

图225.北京雍和宫的金刚驱魔神舞

每逢重大节日，雍和宫的僧人都会戴上面具，跳起金刚驱魔神舞。照片中为蒙古人。最前面的是领舞者。在他后面，乐手绵延五进院落，浩浩荡荡

图226.戒台寺住持
每天晚上，他都会对众僧开示

图227.戒台寺内诵经的僧人
佛堂幽暗，阳光透门而进，照在他身上。他手持引磬，丁零计时

图228.节日中的雍和宫
横幅上书汉字"佛"

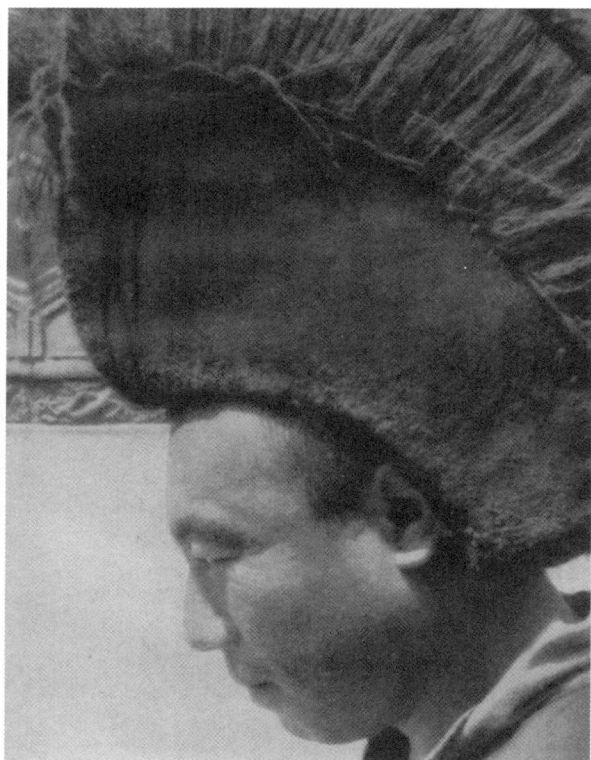

图229.戴鸡冠帽的喇嘛
据说这种僧帽由宗教改革家宗喀巴发明。显然，他认同"人要衣装，佛要金装"

图230.送葬队伍

大孝子由其他孝子贤孙帮扶着，手持莲花纸幡。他身上所穿的粗麻孝衣没有缉边，露着线头，表明他很悲伤

图231.抬棺人

死者为大。人死后，葬礼一定要隆重，即便花销常常让子女吃不消。这具棺椁的主人在世时是位权贵。逝者生前的地位决定了抬棺人的数量

图232.北京一家商店开业
商店用纸做的花环等装扮一新，红白相间，吉祥喜庆

图233.繁忙的北京街道
受西方影响，出现了一些横幅，在中式建筑上显得有些突兀

图234.新建成的前门
负责修建的是一位德国建筑师。照片右侧可见一香炉，重要节日时用于焚烧纸质祭品

图235.北京的西门
城墙之上门楼高耸。黄包车夫在河边清洗黄包车

图236.北京城中的一座牌楼
金光灿灿的琉璃瓦顶和大红色的立柱，构成一幅色彩丰富的图画。这场景映衬在深蓝色的天空下时，尤为美轮美奂

图237.紫禁城外西北角牌楼
每年，皇帝都要经由此门，前往寺庙祭祀

图238.雍和宫
照片中为藏经楼局部

图239.万寿寺

这是闻名遐迩的慈禧太后最喜欢的休憩之所。万寿寺依河而建，这条河将紫禁城与颐和园连通在一起

图240.寺庙院中
位于万寿寺内。巨大的大理石碑碑顶雕龙，由石龟趺所背负，上刻寺史。数百年来，常有牧羊人在这片树荫下放牧

图241.白塔寺院中
照片右侧为一尊香炉；左侧是一些香客，聚集在白塔入口处

图242.万寿寺中一尊温柔的千手观音像
她有两名侍从，一位是龙女，一位是善财童子

图243.北海公园内著名的九龙壁
两千年来，作为男权象征的龙是中国最受欢迎的装饰形象，与太阳、月亮、珍珠、云彩、岩石和浪花相伴出现

图244.万寿寺罗汉像
这是佛陀弟子长眉罗汉的塑像，身披蓝金相间的僧袍

图245.万寿寺罗汉像

佛陀的著名弟子降龙罗汉。每位罗汉都拥有神力。这位罗汉施展法力时,面带苦相

图246.天坛祈年殿
每到新年，皇帝都会在这蓝色流璃瓦顶的宏伟建筑里祭天

图247.颐和园东部的驼背桥（玉带桥）
中国有很多漂亮的桥

图248.永乐皇帝的陵墓
照片中为一座蓝色的焚帛炉，用于焚烧纸质祭品。永乐皇帝是明代最伟大的皇帝之一，死于1424年

图249.黄寺中的藏式佛塔

该塔全部由大理石构成，里面葬着六世班禅的衣冠。1780年，六世班禅死于天花，乾隆皇帝将他的遗体安置于金棺中，送回西藏地区

图250.黄寺中四大天王其中两位的雕像
几乎所有佛寺中都有天王雕像。从站在天王腿上的僧人大小可以看出,这些雕像十分庞大

图251.北京古观象台上的简仪
造于15世纪

图252.八里庄

照片中的这座塔有13层，是北京城边最大的一座，16世纪由明代的一位皇太后兴建

图253.一座塔
形制似印度佛塔。塔用作陵墓或纪念，这已根植于中国文化中

图254.宝塔附近
数千年来，驴马一直拉着磨盘磨米。背景中的塔是西山上最美的景致
之一

图255.明十三陵神道旁的雕像
很久以前，臣子奴仆会为主人殉葬。后来，重要的官员改立雕像。照片
的雕像为永乐皇帝的侍卫

图256.赶驴人
中国农民很依赖这聪明而有耐性的牲口

图257.傍晚捕鱼的渔民
黄河中有很多鱼供中国人捕食

58.中国长城

历史上，只完成了这样一座宏伟建筑。公元前214年，伟大的皇帝秦始皇决定建一道墙，以保卫其国土。照片中这段墙长1500英里（约2414

），高15至30英尺（1英尺约为0.3米），由石、砖、土构成。每隔3公里左右，就有一座瞭望塔守卫着长城。塔中驻守士兵，可以非常迅速地将

传递到极远的地方

图259.舢板
船夫在河流中努力前行。此时无风，船帆闲置。在这个永恒的国度，时间似乎无足轻重

三海风景

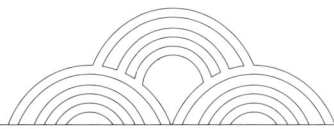

图260.北海倚晴楼

图261.北海沁泉廊

图262.北海快雪堂前景

图263.北海快雪堂

图264.北海快雪堂

图265.北海五龙亭远望

图266.北海内景

图267.北海十八罗汉之一

图268.北海十八罗汉之二

图269.北海十八罗汉之三

图270.北海十八罗汉之四

图271.北海内景

图272.北海七佛塔

图273.北海慧日亭

图274.北海碧照楼远望

图275.北海静心斋

图276.北海承光殿

图277.北海围城外

图278.北海围城内景

图279.北海围城内景

图280.北海昭景门

图281.南海新华门

图282.南海日知阁

图283.南海瀛台后面景色

图284.南海瀛台御座

图285.南海瀛台右面景色

图286.南海迎薰亭

图287.南海流水音

图288.南海流水音

图289.南海丰泽园

图290.南海"怀抱爽"亭

图291.南海内景

图292.南海瀛台左面景色

图293.南海云绘楼前景

图294.南海云绘楼

图295.南海内景

图296.南海景福门

图297.南海瀛台左面风景

图298.中海万字廊

图299.中海双环万寿亭

图300.中海集灵囿内景

图301.中海集灵囿内景

图302.中海万字廊侧面景色

图303.中海北洋政府统治时期"国务会议厅"

图304.中海北洋政府统治时期"国务会议厅"侧面

图305.中海北洋政府统治时期"国务会议厅"前面

图306.中海集灵囿内景

图307.中海集灵囿内景

图308.中海集灵囿内景

图309.中海集灵囿内景

图310.中海延庆楼

图311.中海爱翠楼

图312.中海居仁堂前景

图313.中海居仁堂

图314.中海居仁堂

图315.中海春藕斋

图316.中海北望

图317.西苑门

图318.中海石室

图319.中海宝光门

佩克哈默镜头下的中国风景与人物

钟光懿

汉茨·冯·佩克哈默于1895年出生在风景如画的德国小镇梅拉诺，第一次世界大战后，这里成了意大利的一部分。佩克哈默的父亲在当地经营着一家照相馆。佩克哈默16岁时，他的父亲过世了，照相馆由母亲接管。他虽然从小受到摄影的熏陶，但并没有从事这一行业，而是去学习美术。后来他所拍摄的作品，不管是《百美影》《北京美观》，还是《中国与中国人》，这些照片所呈现出的美感都与他扎实的美术功底密不可分。

佩克哈默的中国之行非比寻常，拍照片也并非他来到中国的本意。1913年，佩克哈默加入奥地利海军。次年，第一次世界大战爆发，日本向德国宣战，佩克哈默乘坐奥地利军舰"伊丽莎白皇后号"来到中国胶东半岛与日本人交战（奥匈帝国作为德国的同盟军，在青岛协助德军作战）。战况不断发展，佩克哈默的命运也随之跌宕起伏。

"战俘摄影师"镜头下的中国

佩克哈默1914年来到中国，1927年离开。在这十余年间，古老的中国发生了波澜壮阔的沧桑巨变。期间，佩克哈默拍摄了上万幅关于中国和中国人的照片，涵盖了宫阙园林、街衢市井、百姓生活等方面。这一切都与他在中国的一段特殊经历息息相关。[①]

1917年8月14日，北洋政府正式对德奥宣战，此时在中国的德国、奥匈帝国士兵沦为战俘。北洋政府设立了8个战俘收容所，收容、关押了1000多名战俘。佩克哈默正是其中的一个，根据历史资料推断，他应该被关押在北京的西苑收容所，1918年1月又迁到了万寿寺。

北洋政府设立的收容所并非外界想象的那样黑暗残酷，相反，北洋政府本着"妥为待遇，以示博爱"的态度，给予了包括佩克哈默在内的德奥战俘充分的人道主义待遇。在收容所舒适的生活环境中，这些战俘经常开展绘画、音乐、摄影等文化艺术活动，不时还有自导自演的话剧上演，足球赛、体操比赛等更是家常便饭。1919年，中国"俘虏情报局"编印了一部《中华民国八年俘虏起居写真集》，将战俘营内的生活照片印制成精美的写真，并详加注释，这在历史上实属罕见。[②]

佩克哈默的很多作品都与万寿寺有关，如万寿寺前的满族妇女、万寿寺藏经楼等等，

---

①国家图书馆古籍馆：《逝去的风韵：德国摄影师镜头下的老北京》，国家图书馆出版社，2011。
②李学通、古为明：《中国德奥战俘营》，福建教育出版社，2010。

可以猜想，佩克哈默的中国情缘或许正是在这时生根发芽。从根本上说，用照相机镜头记录下一座城市和生命的积极意义，可能是身为战俘的佩克哈默从充满魅力的北京城中获得的最大启示。

1920年，第一次世界大战结束，战俘获释。其中一些人选择继续留在北京，更有人因为对这里的眷恋最终侨居中国。获释后，佩克哈默没有随大军返回德国，而是留在了中国，这一留就是7年。也许是第一次世界大战中这段血与火的经历，使得佩克哈默对生命之宝贵有着独特的体悟，而战争期间的战俘经历，更使得他日后将镜头对准生命、赞美生命。

在佩克哈默镜头下，琼华岛、地安门大街等北京古老的建筑具有非常鲜明的个人特色，选景与构图非常自然、规整。佩克哈默对线条的把握为照片增添了一种美感，这些建筑在他的镜头中自成一格，处处彰显着德国人与生俱来的审美意趣和严谨风格。他善于捕捉瞬间，镜头中的京城各色人物个个都富有故事性。在一组京城驼户的照片中，可以看到驼户牵引着驼队从玉泉山取水、悉心喂骆驼的真实生活画面。从牵引骆驼的孩子到耄耋老人，都散发出浓郁的生活气息，让人直接感受到旧京骆户的淳朴和粗豪性情。

佩克哈默将这些照片收录在《北京美观》（1928年）和《中国与中国人》（1930年）中，记录下了那个时代北京独有的风韵和中国人的生活状态。除了这两部作品外，佩克哈默还完成了一项当时看来完全是"不可能完成的任务"：创作了中国第一部人体写真集——《百美影》。

创作中国第一部人体写真集——《百美影》

中国历史上出现的女性裸体图像中，《百美影》无疑是一部神秘而富有争议的作品。

佩克哈默认为，了解不同国家对美的理想精神的认识、弄明白不同时代如何看待女性的美是一件特别令人愉悦的差事。艺术家、心理学家、人种志学者、人种学家都被女性之美吸引，从中发现大量的知识。在摄影师佩克哈默看来，世人从未真正认识中国女性的形象。很长一段时间里，有关中国女人身体的图像受到严格的控制，在照片中只可以露出脸和手。来到中国后，他对这一切有了更深的感触。有感于裹脚这种令人难以理解和生厌的习俗，以及女性在家庭和社会中卑微的地位，他发誓要完成这一艰巨的任务，将中国女性的身体之美展现在世人面前。在《百美影》的引言中，他写道："我有意将中国女子真正的模样展示出来。有意归有意，付诸行动可难太多了。不同于我们西方人，中国人过于内敛害羞，仅这一点就足以导致计划失败。与古希腊、古罗马、古印度和古埃及不一样，在中国艺术史中，赤身裸体的女子从来都登不了大雅之堂。"

正如佩克哈默所说，在中国，无论古代还是近代，女性人体形象都寥寥无几。在公共空间中展示女性的身体，进而欣赏和认可这一行为，有悖于传统道德伦理和女性身体观念。这一观念和禁锢使得佩克哈默在创作这部作品时困难重重，首要难题就是寻找合适的模特。几经波折，佩克哈默终于在澳门的妓院拍下了这部意义非凡、独一无二的作品——《百美影》。

实践自己的艺术追求需要极大的勇气，甚至要面临很大的风险。每完成一些照片，佩克哈默就会想办法将它们偷运回德国，小心翼翼地保护好这些艺术作品。这些照片后来刊登在法国的一家杂志上，1928年在柏林结集出版，这正印证了《百美影》创作的困难和它不可估量的艺术价值。这部珍贵的作品有德文和英文两个版本，第二次世界大战后仅存少量完本，一是因为它被德国国家社会主义党列入不良内容的"名单"，二是因为这本书特别的装帧工艺。它由精致的中国丝绸绑定而成，翻看时须非常小心，力度稍有不慎就易折损。近年来，《百美影》出现在中国影像拍卖市场，作为中国早期人体摄影最重要的实物之一，吸引了众多收藏者和观众的关注。

19世纪末，这种画意摄影风格盛行于欧美国家，图像经常会运用柔焦手段，加入戏装或道具，以达到特定的艺术境地。《百美影》创作的时期，画意摄影在西方正逐渐式微，但在中国却正处于兴盛阶段。艺术家们注重意境的渲染，着眼于个性情趣的表达。比如说郎静山，他将中国山水画渗入摄影风格，形成中国美学精神的"画意摄影"。但是中国的实践者们将重点放在风景之上，比起西方来，题材更为狭窄。

《百美影》呈现了中国最早的女性身体形象，透过这些图像，裸体、身体与一系列复杂的社会结构和文化价值联系在了一起。一百年后的今天，我们从中感受到了西方人眼中的东方文化，既有客观和重构，也不乏局限和偏见。

1930年，《百美影》出版两年后，中国摄影大师郎静山完成了其第一部人体摄影作品《人体摄影集》。经过了长达十几年的争论，到20世纪30年代前后，人体摄影艺术终于在中国的艺术领域中获得了一席之地，艺术家逐步建立了独立的艺术审美标准，使得女性人体视觉图像更好地进入公众视野。[①]

钟光懿，北京大学艺术学硕士，曾任中国人民大学出版社编辑，现为民国摄影史研究者、专栏撰稿人。《十年：影像艺术品拍卖与收藏 2006—2016》一书执行编辑。

[①]曾越：《社会·身体·性别：近代中国女性图像身体的解放与禁锢》，广西师范大学出版社，2014。

本书作者

汉茨·冯·佩克哈默（Heinz von Perckhammer，1895—1965）：

德国摄影师，1895年出生于旅游胜地梅拉诺，自小便在父亲开设的照相馆内帮忙。他十分喜爱绘画，16岁时报考慕尼黑艺术学院，可惜未被录取，随后参加了海军，来到中国。他曾参加德奥与日本的青岛战役，后来被派往奥地利驻北京使馆。北洋政府对德奥宣战后，沦为俘虏，被关押在万寿寺内。1920年获释后，他留在了中国，成为一名专业的摄影师。1927年，携在中国拍摄的15000余张照片回到家乡，随后定居柏林，经营照相馆。1942年，盟军轰炸柏林，他的大多数作品毁于战火。二战结束后，他返回故乡，于1965年2月死于心脏病突发。

本书主编

赵省伟："西洋镜""东洋镜""遗失在西方的中国史"系列丛书主编。厦门大学历史系毕业，自2011年起专注于中国历史影像的收藏和出版，藏有海量中国主题的法国、德国报纸和书籍。

本书译者

仝冰雪：收藏家、摄影史学者、"世博会收藏中国第一人"，著有《一站一坐一生：一个中国人62年的影像志》等。

许蓓：北京外国语大学德语系毕业，现为某外贸公司驻外人员。

内容简介

全书共包括《北京美观》《中国与中国人》和《三海风景》三部分。

《北京美观》初版于1928年，收录了200张20世纪20年代老北京照片，为当下的人们展现了一幅幅生动的老北京风情画。

《中国与中国人》初版于1930年，收录了59张北京、天津两地普通百姓的肖像与生活照，具有很高的民俗史料价值。

《三海风景》初版于20世纪20年代，收录了60张同生照相馆（1908年在上海开业，老板为谭景棠）制作的三海的珍稀照片。

「本系列已出版图书」

西洋镜 Mook

扫 码 关 注
获取更多新书信息